Cette édition a été faite sur
un manuscrit incomplet et
outre les vers qui manquent
il y a altération dans le
texte, par exemple page 9
on a mis besoin naturel
au lieu de besoin mutuel

702

LA RELIGION NATURELLE,

POEME

En quatre Parties.

AU ROI DE PRUSSE.

*PAR M. V***.*

A GENEVE.

M. DCC. LVI.

LA RELIGION NATURELLE,

POEME AU ROY DE PRUSSE.

O Vous ! dont les Exploits, le Regne & les
Ouvrages
Sont l'exemple des Rois, & la leçon des Sages,
Qui voyez d'un même œil les caprices du ſort,
Le Trône & la Cabane, & la vie & la mort ;
Philoſophe intrépide, affermiſſez mon ame,
Couvrez-moi des rayons de cette pure flâme
Qu'allume la raiſon, qu'éteint le préjugé ;
Dans cette nuit d'erreur où le monde eſt plongé,
Apportons, s'il ſe peut, une faible lumiere.
Nos premiers entretiens, notre étude premiere,
Étoient, je m'en ſouviens, Horace avec Boileau ;
Vous y cherchiez le vrai, vous y goûtiez le beau ;
Quelques traits échappés d'une utile morale,
Dans leurs piquans Ecrits brillent par intervale ;
Mais Pope approfondit ce qu'ils ont effleuré ;
D'un eſprit plus hardi, d'un pas plus aſſuré,
Il porta le flambeau dans l'abîme de l'être,
Et l'homme avec lui ſeul apprit à ſe connaître.

L'art, quelquefois frivole, & quelquefois divin;
L'art des vers est dans Pope utile au genre humain.
Que m'importe en effet que le flatteur d'Octave,
Parasite discret, non moins qu'adroit esclave,
Du lit de sa Glicere, ou de Ligurinus,
En Prose mesurée insulte à Latius;
Que Boileau répandant plus de sel que de grace,
Veuille outrager Quinaut, pense avilir le Tasse?
Qu'il peigne dans Paris les tristes embarras,
Ou décrive en beaux vers un fort mauvais repas,
Il faut d'autres objets à votre intelligence,
De l'esprit qui vous meut vous recherchez l'essence,
Son principe, sa fin, & sur-tout son devoir.
Voyons sur ce grand point ce qu'on a pû sçavoir,
Ce que l'erreur fait croire aux Docteurs du vulgaire,
Et ce que vous inspire un Dieu qui vous éclaire.

PREMIERE PARTIE.

Dieu a donné à tous les hommes les idées de la justice, & la conscience pour les en avertir, comme il leur a donné tout ce qui leur est nécessaire.

JE n'irai pas d'abord, Philosophe orgueilleux,
Sur l'aîle de Platon me perdre dans les cieux;
Ecartons ces Romans qu'on appelle systêmes,
Et pour nous élever descendons en nous mêmes.
Soit qu'un Etre inconnu, par lui seul existant,
Ait tiré depuis peu l'Univers du néant,
Soit qu'il ait arrangé la matiere éternelle,
Qu'elle nage en son sein, ou qu'il regne loin d'elle;
Que l'ame, ce flambeau si souvent ténébreux,
Ou soit un de nos sens, ou subsiste sans eux,
Nous sommes sous la main de cet Etre invisible:
Mais du haut de son Trône obscur, inaccessible,
Quel hommage & quel culte exige-t il de nous?
De sa grandeur suprême indignement jaloux,
De louanges, de vœux, flatte-t-il sa puissance?
Est-ce le peuple altier, conquérant de Bizance,
Le tranquille Chinois, le Tartare indompté,

Qui connaît ſon eſſence & ſuit ſa volonté ?
Différens dans leurs mœurs, ainſi qu'en leurs
hommages,
Ils lui font tenir tous un différent langage.
Tous ſe ſont donc trompés ? Mais détournons
les yeux
De cet impur amas d'impoſteurs odieux ;
Mais ſans vouloir ſonder d'un regard téméraire,
De la loi des Chrétiens l'ineffable myſtere,
Sans expliquer en vain ce qui fut révélé,
Cherchons par la raiſon ſi Dieu n'a pas parlé :
La Nature a fourni d'une main ſalutaire
Tout ce qui dans la vie à l'homme eſt néceſſaire,
Les reſſorts de ſon ame, & l'inſtinct de ſes ſens ;
Le ciel à ſes beſoins ſoumets les élémens :
Dans les plis du cerveau, la mémoire agiſſante,
Y peint de la Nature une image vivante ;
Chaque objet de ſes ſens prévient la volonté ;
Le ſon dans ſon oreille eſt par l'air apporté :
Sans effort & ſans ſoin ſon œil voit la lumiere ;
Sur ſon Dieu, ſur ſa fin, ſur ſa cauſe premiere.
L'homme eſt-il ſans ſecours à l'erreur attaché ?
Quoi ! le monde eſt viſible, & Dieu ſeroit caché ?
Quoi ! le plus grand beſoin que j'aye en ma mi-
ſere
Eſt le ſeul qu'en effet je ne puis ſatisfaire ?

Non, ce Dieu qui m'a fait, ne m'a pas fait envain,
Sur le front des mortels il mit son sçeau divin
Je ne puis ignorer ce qu'ordonna mon Maître ;
Il m'a donné sa loi puisqu'il m'a donné l'être ;
Sans doute il a parlé, mais c'est à l'Univers ;
Il n'a pas de l'Egypte habité les déserts :
Delphes, Delos, Ammon, ne sont pas ses azyles,
Il ne se cacha pas aux Autels des Sybilles ;
La Morale uniforme en tout tems, en tout lieu,
A des siécles sans fin parle au nom de ce Dieu :
C'est la loi des Trajan, des Socrate, & la vôtre,
De ce culte éternel la Nature est l'Apôtre ;
Le bon sens la reçoit, & les remords vengeurs,
Nés de la conscience, en sont les défenseurs ;
Leur redoutable voix par-tout se fait entendre.
Pensez-vous en effet que ce jeune Alexandre,
Aussi vaillant que vous, mais bien moins modéré,
Teint du sang d'un ami trop inconsidéré,
Ait pour se repentir consulté des Augures :
Ils auroient dans leurs eaux lavé ses mains impures ;
Ils auroient à prix d'or bientôt absous un Roi ;
Sans eux, de la Nature il écouta la loi ;
Honteux, désespéré d'un moment de furie,
Il se jugea lui-même indigne de la vie.

Cette loi ſouveraine, à la Chine, au Japon;
Inſpira Zoroaſtre, illumina Platon;
D'un bout du monde à l'autre elle parle, elle crie,
Adore un Dieu, ſois juſte, & chéris la Patrie.
Ainſi le froid Lapon crut un Etre éternel,
Il eut de la juſtice un inſtinct naturel;
Et le Négre vendu ſur un lointain rivage,
Dans les Négres encor aima ſa noire image.
Eſt-ce nous qui créons ſes profonds ſentimens?
Avons-nous fait notre ame? avons-nous fait nos ſens?
L'or qui naît au Pérou, l'or qui naît à la Chine,
Ont la même nature & la même origine;
L'Artiſan les façonne & ne peut les former;
Ainſi l'Etre éternel qui nous daigne animer,
Jette dans tous les cœurs une même ſemence,
Le Ciel fit la vertu, l'homme en fit l'apparence;
Il peut la revêtir d'impoſture & d'erreur,
Il ne peut la changer, ſon Juge eſt dans ſon cœur.

SECONDE PARTIE.

Réponses aux objections contre les principes d'une Morale universelle. Preuve de cette vérité.

J'Entends avec Hobbès Spinosa qui murmure.
Ces remords, me dit-il, ces cris de la Nature,
Ne sont que l'habitude, & les illusions
Qu'un besoin naturel inspire aux Nations.
Raisonneur malheureux, ennemi de toi-même,
D'où nous vient ce besoin ? pourquoi l'Etre suprême
Mit-il dans votre cœur à l'interêt porté
Un instinct qui nous lie à la société ?
Les loix que nous faisons, fragiles, inconstantes,
Ouvrage d'un moment, sont par-tout différentes ;
Jacob chez les Hébreux put épouser deux sœurs,
David, sans offenser la décence & les mœurs,
Flatte de cent Beautés la tendresse importune,
Le Pape au Vatican n'en peut posséder une ;
Là, le pere à son gré, choisit son successeur ;
Ici, l'heureux aîné de tout est possesseur,
Aux Loix de vos voisins votre Code est contraire,
Qu'on soit juste, il suffit, le reste est arbitraire :

Mais tandis qu'on admire & ce juste & ce beau,
Londre immole son Roi par la main d'un bour-
reau;
Du Pape Borgia le bâtard sanguinaire,
Dans les bras de sa sœur assassine son frere:
Là, le froid Hollandois devient impétueux,
Il déchire en morceaux deux freres vertueux;
Plus loin la Brainvilliers, dévote avec tendresse,
Empoisonne son pere en courant à confesse;
Sous le fer du méchant le juste est abattu,
Hé bien, concluez-vous qu'il n'est point de vertu?
Quand du vent du Midi les funestes haleines,
De semences de morts, ont inondé nos plaines,
Direz-vous que le Ciel jamais en son courroux
Ne laissa la santé séjourner parmi nous?
Tous les divers fléaux dont le poids nous accable,
Du choc des élémens, effet inévitable,
Des biens que nous goûtons corrompent la dou-
ceur;
Mais tout est passager, le crime & le malheur:
De nos désirs fougueux la tempête fatale,
Laisse au fond de nos cœurs la régle & la morale,
C'est une source pure, en vain dans ses caveaux
Les vents contagieux en ont troublé les eaux;
En vain sur la surface une fange étrangere
Apporte en bouillonnant un limon qui l'altere;

L'homme le plus injuste & le moins policé,
S'y contemple aisément quand l'orage est passé;
Tous ont reçu du Ciel avec l'intelligence,
Ce frein de la justice & de la conscience;
De la raison naissante elle est le premier fruit,
Dès qu'on la peut entendre, aussi-tôt elle instruit:
Contrepoids toujours prompt à rendre l'équilibre
Au cœur plein de désirs, asservi, mais né libre,
Arme que la Nature a mis en notre main,
Qui combat l'interêt par l'amour du prochain,
Pilote qui s'oppose aux vents toujours contraires
De tant de passions qui nous sont nécessaires:
On insiste, on médit; l'enfant dans son berceau
N'est point illuminé par ce divin flambeau,
C'est l'éducation qui forme ses pensées,
Par l'exemple d'autrui, ses mœurs lui sont tracées;
Il n'a rien dans l'esprit, il n'a rien dans le cœur;
De ce qui l'environne il n'est qu'imitateur;
Il respecte les noms de devoir, de justice;
Il agit en machine, & c'est par sa nourrice
Qu'il est Juif ou Payen, Fidéle ou Musulman,
Vêtu d'un juste-au-corps, ou bien d'un doliman,
Oui, de l'exemple en nous je sçai quel est l'empire,
Qu'il est des sentimens que la Nature inspire:
Le langage a sa mode & ses opinions,

Tous les dehors de l'ame & ſes préventions,
Du cachet des mortels impreſſions légeres,
Dans nos faibles eſprits ſont gravés par nos peres;
Mais les premiers reſſorts ſont faits d'une autre main,
Leur pouvoir eſt conſtant, leur principe divin;
Il faut que l'enfant croiſſe, afin qu'il les exerce;
Il ne les connoît pas ſous la main qui le berce;
Le moineau, dans l'inſtant qu'il a reçu le jour,
Sans plumes dans ſon nid peut-il ſentir l'amour?
Le renard en naiſſant va-t-il chercher ſa proie?
Les inſectes changeans qui nous filent la ſoie,
Les eſſeins bourdonnans de ces filles du ciel,
Qui pétriſſent la cire en compoſant le miel,
Si-tôt qu'ils ſont éclos, forment-ils leur ouvrage?
Tout meurit par le tems, & s'accroît par l'uſage,
Chaque être à ſon objet, & dans l'inſtant marqué
Il marche vers le but par le Ciel indiqué.
L'homme (on nous l'a tant dit) eſt une énigme obſcure;
Il l'eſt peut-être moins que toute la Nature:
Sur ce vaſte Univers un grand voile eſt jetté;
Mais dans les profondeurs de cette obſcurité,
Si la raiſon nous luit, qu'avons-nous à nous plaindre?

Nous

Nous n'avons qu'un flambeau, gardons-nous de
l'éteindre.
Quand de l'immensité Dieu peupla les déserts,
Alluma le soleil, & soûleva des mers,
Demeurez, leur dit-il, dans vos bornes pres-
crites ;
Tous les mondes naissans connurent leurs li-
mites :
Il imposa des loix à Saturne, à Venus,
Aux seize Orbes divers dans les Cieux contenus,
Aux Elémens unis dans leur utile guerre,
A la course des vents, aux fléches du tonnerre,
A l'animal qui pense, & né pour l'adorer,
Au ver qui nous attend, né pour nous dévorer.
Avons-nous bien l'audace en nos faibles cer-
velles,
D'ajouter nos décrets à ses loix immortelles ?
Hélas ! seroit-ce à nous, fantômes d'un moment,
Dont l'Etre imperceptible est voisin du néant,
De nous mettre à côté du Maître du tonnerre,
Et de donner en Dieux des ordres à la terre ?

TROISIÉME PARTIE.

Les hommes ayant pour la plûpart défiguré, par les opinions qui les divisent, le principe de la Religion Naturelle qui les unit, doivent se supporter les uns & les autres.

L'UNIVERS est le Temple où siége l'Eternel,
Là chaque homme à son gré veut bâtir un autel;
Chacun vante sa Foi, ses Saints & ses Miracles,
Le sang de ses Martyrs, la voix de ses Oracles;
L'un pense en se lavant cinq ou six fois par jour,
Que le Ciel voit ses bains d'un regard plein d'amour;
Et qu'avec un prépuce on ne sçauroit lui plaire;
L'autre a du Dieu Brama désarmé la colere,
Et pour s'être abstenu de manger du lapin,
Voit le Ciel entr'ouvert & des plaisirs sans fin.
Tous traitent leurs voisins d'impurs & d'infidelles:
Des Chrétiens divisés, les infâmes querelles,
Ont, au nom du Seigneur, apporté plus de maux,
Répandu plus de sang, creusé plus de tombeaux,
Que le prétexte vain d'une utile Balance,

N'a déſolé jamais l'Allemagne & la France.
Un doux Inquiſiteur, un crucifix en main,
Au feu, par charité, fait jetter ſon prochain;
Et pleurant avec lui d'une fin ſi tragique,
Prend, pour s'en conſoler, ſon argent qu'il s'applique,
Tandis que de la grace ardent à ſe toucher,
Le peuple, louant Dieu, chante autour du bûcher.
On vit plus d'une fois dans une ſainte ivreſſe,
Plus d'un bon Catholique, au ſortir de la Meſſe,
Courant ſur ſon voiſin pour l'honneur de la Foi,
Lui crier : Meurs impie, ou penſe comme moi.
Calvin & ſes Suppôts, guettés par la Juſtice,
Dans Paris, en peinture, allerent au ſupplice :
Servet fut en perſonne immolé par Calvin.
Si Servet dans Geneve eût été Souverain,
Il eût pour argument, contre ſes adverſaires,
Fait ſerrer d'un lacet le cou des Trinitaires.
Ainſi d'Arminius les ennemis nouveaux,
En Flandre étaient martyrs, en Hollande bourreaux.
D'où vient que deux cens ans cette pieuſe rage,
De nos ayeux groſſiers fut l'horrible partage ?
C'eſt que de la Nature on étouffa la voix;
C'eſt qu'à ſa voix ſacrée on ajoûta des loix;
C'eſt que l'homme amoureux de ſon ſot eſclavage,

Fit dans ſes préjugés, Dieu même à ſon image:
Nous l'avons fait injuſte, emporté, vain, jaloux,
Séducteur, inconſtant, barbare comme nous.
Enfin, grace en nos jours à la Philoſophie,
Qui de l'Europe au moins éclaire une partie,
Les mortels plus inſtruits, en ſont moins inhumains,
Le fer eſt émouſſé, les buchers ſont éteints.
Mais ſi le Fanatiſme étoit encore le maître,
Que ſes feux étouffés ſeroient prêts à renaître!
On s'eſt fait, il eſt vrai, le généreux effort
D'envoyer moins ſouvent ſes freres à la mort,
On brûle moins d'humains dans le ſein de Liſbonne;
Et même le Muphti, qui rarerement raiſonne,
Ne dit plus aux Chrétiens que le Sultan ſoumet,
Renonce au vin, barbare, & crois à Mahomet:
Mais du beau nom de chien ce Muphti nous honore,
Dans le fond des Enfers il nous envoie encore.
Nous le lui rendons bien, nous damnons à la fois,
Ce Peuple circoncis, vainqueur de tant de Rois;
Londres, Berlin, Stockolm, & Geneve, & vous-même,
Vous êtes, ô mon Roi! compris dans l'anathême;

Envain par des bienfaits ſignalant vos beaux jours,
A l'humaine raiſon vous donnez des ſecours,
Aux beaux Arts des palais, aux Pauvres des aziles,
Vous peuplez les déſerts & les rendez fertiles,
B.... & T........ jurent ſur leur ſalut,
Que vous êtes ſur terre un fils de Belzebut;
Ils ont des partiſans, & l'on honore en France,
De ces ânes fourrés l'imbécile ignorance.
Çà dis-moi, tête chauve, ou toi qui dans un froc,
Des argumens en forme a ſoûtenu le choc,
Penſe-tu que Socrate, & le juſte Ariſtide,
Solon, qui fut des Grecs & l'exemple & le guide,
Penſe-tu que Trajan, Marc-Aurele & Titus,
Noms chéris, noms ſacrés que tu n'as jamais lûs,
De l'Univers charmé bienfaiteurs adorables,
Sont au fond des Enfers, empâlés par des diables?
Et que tu ſeras, toi, de rayons couronné,
D'un chœur de Chérubins ſans ceſſe environné,
Pour avoir quelque-tems chargé d'une beſace,
Dormi dans l'ignorance, & croupi dans la craſſe?
Sois ſauvé, j'y conſens; mais l'immortel Newton,
Mais le ſçavant Leibnitz & le ſage Adiſſon,
Et ce Locke, en un mot, dont la main courageuſe,
A de l'Eſprit humain marqué la borne heureuſe,
Ces Eſprits qui ſembloient de Dieu même éclai-
rés,

Dans des feux éternels seront-ils dévorés ?
Porte un arrêt plus doux, prens un ton plus modeste,
Ami, ne préviens point le jugement céleste,
Respecte ces mortels, reconnois leur vertu ;
Ils ne t'ont point damné, pourquoi les damne-tu ?
A la Religion directement fidéle,
Sois doux, compâtissant, sage, indulgent comme elle ;
Et sans noyer autrui, tâche à gagner le port :
Qui pardonne a raison, & la colere a tort.
Dans nos jours passagers de peines & de miseres,
Enfans du même Dieu, vivons au moins en freres,
Aidons-nous l'un & l'autre à porter nos fardeaux;
Nous marchons tous courbés sous le poids de nos maux ;
Mille ennemis cruels affligent notre vie,
Toujours par nous maudite, & toujours si chérie:
Notre cœur égaré, sans guide & sans appui,
Est brûlé de desirs, ou glacé par l'ennui ;
Nul de nous n'a vécu sans connoître les larmes.
De la Société les secourables charmes,
Consolent nos douleurs au moins quelques instans :
Remede encore trop faible à des maux si constans,

Ah ! n'empoisonnons pas la douceur qui nous reste !
Je crois voir des Forçats dans un cachot funeste,
Se pouvant secourir, l'un sur l'autre acharnés,
Combattre avec les fers dont ils sont enchaînés.

QUATRIÈME PARTIE.

C'est au Gouvernement à calmer les malheureuses disputes qui troublent la Société.

OUI, je l'entends souvent de votre bouche auguste,
Le premier des devoirs, grand Prince, est d'être juste ;
Et le premier des biens est la paix de nos cœurs.
Comment avez-vous pû parmi tant de Docteurs,
Parmi ces différends que la dispute enfante,
Maintenir dans l'Etat une paix si constante ?
D'où vient que les enfans de Calvin, de Luther,
Qu'on voit de-là les Monts bâtards de Lucifer,
Le Grec, le Romain, l'empesé Quiétiste,
Le Quakre au grand chapeau, le simple Anabaptiste,
Qui jamais dans leur Loi n'ont pû se réunir,

Sont tous sans disputer, d'accord pour vous bénir?
C'est que vous êtes sage, & que vous êtes maître.
Si le dernier Valois, hélas! avoit sçu l'être,
Jamais un Jacobin, guidé par son Prieur,
De Judith & d'Aod fervent imitateur,
N'eût tenté dans S. Cloud sa funeste entreprise:
Mais Valois aiguisa le poignard de l'Eglise;
Ce poignard qui bientôt égorgea dans Paris,
Aux yeux de ses Sujets, le plus grand des Henris.
Voilà le fruit affreux des pieuses querelles:
Toutes les factions à la fin sont cruelles;
Pour peu qu'on les soutienne, on les voit tout oser;
Pour les anéantir, il les faut mépriser.
Qui conduit des Soldats peut gouverner des Prêtres.
Louis dont la grandeur éclipsa ses ancêtres,
Crut pourtant sur la foi d'un Confesseur Normand,
Jansénius à craindre, & Quesnel important;
Du sceau de sa grandeur il chargea leurs sottises,
De la dispute alors cent cabales éprises,
Cent bavards en fourure, Avocats, Bacheliers,
Colporteurs, Capucins, Jésuites, Cordeliers,
Troublerent tout l'Etat par leurs doctes scrupules;

Le Régent plus ſenſé les rendit ridicules :
En la pouſſiere alors on les vit tous rentrer,
L'œil du maître ſuffit, il peut tout opérer.
L'heureux cultivateur des préſens de Pomone,
Des filles du Printems, des préſens de l'Automne,
Maître de ſon terrein, ménage aux arbriſſeaux
Les ſecours du Soleil, de la terre & des eaux :
Par de légers appuis ſoutient leurs bras débiles,
Arrache impunément les plantes inutiles ;
Et des arbres touffus dans ſon clos renfermés,
Emonde les rameaux de la ſéve affamés :
Son docile terrein répond à ſa culture,
Miniſtre induſtrieux des loix de la Nature,
Il n'eſt pas traverſé dans ſes heureux deſſeins ;
Un arbre qu'avec ſoin il plante de ſes mains
Ne prétend pas le droit de ſe rendre ſtérile,
Et du ſol épuiſé tirant un ſuc utile,
Ne va pas refuſer à ſon maître affligé
Une part de ſes fruits dont il eſt trop chargé.
Son voiſin Jardinier n'eut jamais la puiſſance
De préparer des Cieux la maligne influence,
De maudire les fruits pendans aux eſpaliers,
Et de ſécher d'un mot ſes vignes, ſes figuiers.
Malheur aux Nations dont les loix oppoſées
Embrouillent de l'Etat les rênes déréglées.
Le Sénat des Romains, ce Conſeil de Vainqueurs,

Préſidoit aux Autels, & gouvernoit les mœurs,
Reſtraignoit ſagement le nombre des Veſtales,
D'un peuple extravagant régloit les baccanales:
Marc Aurelle & Trajan mêloient aux champs de Mars
Le bonnet de Pontife au bandeau des Céſars:
L'Univers repoſant ſur leur heureux génie,
Des Guerriers de l'Egliſe ignora la manie;
Les Grecs & les Romains d'un ſaint zéle enivrés,
Ne combattirent pas pour des poulets ſacrés.
Je ne demande pas que dans ſa Capitale,
Un Roi portant en main la Croſſe Epiſcopale,
Au ſortir du Conſeil, allant en miſſion,
Donne au peuple contrit ſa bénédiction:
Toute Egliſe a ſes loix, tout peuple a ſon uſage;
Mais je prétends qu'un Roi, que ſon devoir engage
A maintenir la paix, l'ordre, la ſûreté,
A ſur tous ſes Sujets égale autorité;
Ils ſont tous ſes enfans: cette famille immenſe,
Dans ſes ſoins paternels a mis ſa confiance.
Le Marchand, l'Ouvrier, le Prêtre & le Soldat,
Sont tous également les membres de l'Etat.
De la Religion l'appareil néceſſaire,
Confond aux yeux de Dieu le Grand & le Vulgaire;

Et les civiles Loix, par un autre lien,
Ont confondu le Prêtre avec le Citoyen.
La Loi dans tout état doit être universelle;
Les mortels, tels qu'ils soient, sont égaux devant elle.
Je n'en dirai pas plus sur ces points délicats,
Le Ciel ne m'a point fait pour régir les Etats,
Pour conseiller les Rois, pour enseigner les Sages;
Mais du port où je suis, contemplant les orages,
Dans cette heureuse paix où je finis mes jours,
Eclairé par vous-même, & plein de vos discours,
De vos nobles leçons salutaire interpréte,
Mon esprit suit le vôtre, & ma voix vous répéte:
Que conclurre à la fin de tous mes longs propos?
C'est que les préjugés sont la raison des sots;
Il ne faut pas pour eux se déclarer la guerre:
Le vrai nous vient du Ciel, l'erreur vient de la terre;
Et parmi les chardons qu'on ne peut arracher,
Dans des sentiers secrets, le sage doit marcher;
La paix enfin, la paix que l'on trouve & qu'on aime,
Est encor préférable à la vérité même.

PRIERE.

O Dieu ! qu'on méconnoît, ô Dieu ! que tout
annonce,
Entends les derniers mots que ma bouche prononce ;
Si je me ſuis trompé, c'eſt en cherchant ta loi ;
Mon cœur peut s'égarer, mais il eſt plein de toi.
Je vois ſans m'allarmer l'éternité paraître,
Et je ne puis penſer qu'un Dieu qui me fit naître,
Qu'un Dieu qui ſur mes jours verſa tant de bienfaits,
Quand mes jours ſont éteints, me tourmente à jamais,

FIN.

POËME SUR LA DESTRUCTION DE LISBONNE, OU EXAMEN DE CET AXIOME: *TOUT EST BIEN.*

O Malheureux mortels ! ô terre déplorable !
O de tous les malheurs aſſemblage effroyable !
D'inutiles douleurs éternel entretien !
Philoſophes trompés, qui criez *Tout eſt bien*,
[A]ccourez, contemplez ces ruines affreuſes,
[C]es débris, ces lambeaux, ces cendres malheureuſes,
Ces femmes, ces enfans l'un ſur l'autre entaſſés,
Sous ces marbres rompus, ces membres diſperſés,
Cent mille infortunés que la terre dévore ;

Qui ſanglans, déchirés, & palpitans encore,
Enterrés ſous leurs toîts, terminent ſans ſe-
    cours,
Dans l'horreur des tourmens, leurs lamenta-
    bles jours.
Aux cris demi formés de leurs voix expiran-
    tes,
Au ſpectacle effrayant de leurs cendres fu-
    mantes,
Direz vous, ce ſont là les ſalutaires loix
D'un Etre bienfaiſant qui fit tout par ſon choix?
Direz-vous, en voyant cet amas de victimes,
Dieu s'eſt vangé; leur mort eſt le prix de leurs
    crimes?
Quel crime, quelle faute ont commis ces en-
    fans
Sur le ſein maternel écraſés & ſanglans?
Liſbonne qui n'eſt plus, eut-elle plus de vices
Que Londres, que Paris plongés dans les dé-
    lices?
Liſbonne eſt abîmée, & l'on danſe à Paris.
Tranquilles raiſonneurs, intrépides Eſprits,
Si ſur vous vôtre Ville eût été renverſée,
On vous entendroit dire, en changeant de
    penſée,
En pleurant vos enfans, & vos femmes & vous,

Le bien fut pour Dieu ſeul, & le mal fut pour
nous.
Quand la terre où je ſuis porte ſur des abîmes,
Ma plainte eſt innocente, & mes cris légiti-
mes.
Je ſuis environné des cruautés du ſort,
Des fureurs des méchans, des piéges de la
mort;
De tous les Elémens j'éprouve les atteintes,
Compagnons de mes maux, permettez-moi
les plaintes;
C'eſt l'orgueil, dites-vous, l'orgueil ſéditieux
Qui prétend qu'étant mal, je pourrois être
mieux:
Allez, interrogez les rivages du Tage,
Fouillez dans les débris de ce ſanglant ravage,
Demandez aux mourans, dans ce ſéjour d'ef-
froi,
Si c'eſt l'orgueil qui crie, ô Dieu! ſecourez-
moi!
O Ciel, ayez pitié de l'humaine miſere?
Tout eſt bien, dites-vous, & tout eſt néceſ-
ſaire.
Quoi! l'Univers entier, ſans ce gouffre infer-
nal,
Sans engloutir Liſbonne eût-il été plus mal?

Etes-vous aſſuré que la Cauſe éternelle,
Qui fait & qui ſçait tout, qui créa tout pour
elle,
Ne pouvoit nous jetter dans ces triſtes climats,
Sans former des volcans allumés ſous nos pas ?
Je deſire humblement, ſans offenſer mon Maître,
Que ce gouffre enflammé de ſoufre & de ſalpêtre,
Eût pu s'être formé dans le fond des deſerts.
Je reſpecte mon Dieu, mais j'aime l'Univers :
Quand l'Homme oſe gémir d'un fléau ſi terrible,
Il n'eſt point orgueilleux, hélas ! il eſt ſenſible.
Qu'on ne préſente plus à mon cœur agité,
Les immuables loix de la néceſſité ;
Cette chaîne des corps, des eſprits & des
mondes,
O rêves des Sçavans ! ô chimeres profondes !
Si l'éternelle Loi qui meut les élemens,
Fait tomber les rochers ſous les efforts des
vents,
Si les chênes touffus par la foudre s'embrâſent,
Ils ne reſſentent point les coups qui les écraſent ;

Mais je vis, mais je ſens, mais mon cœur
opprimé,
Demande le bien être au Dieu qui l'a formé:
Des ſens qu'il me donna je cherche un libre
uſage,
D'où vient donc que l'Auteur déchire ſon ou-
vrage?
Le vaſe, on le ſçait bien, ne dit point au
Potier,
Pourquoi ſuis-je ſi vil, ſi faible, ſi groſſier?
Il n'a point la parole, il n'a point la penſée;
Cette urne en ſe formant qui tombe fracaſſée,
De la main du Potier ne reçut point un cœur,
Qui deſirât les biens, & ſentit ſon malheur.
Ce malheur, dites-vous, eſt le bien d'un autre
être,
De mon corps tout ſanglant mille inſectes vont
naître.
Quand la mort met le comble aux maux que
j'ai ſoufferts,
Le beau ſoulagement d'être mangé des vers!
Triſtes calculateurs des miſeres humaines,
Ne me conſolez point, vous aiguiſez mes
peines,
Et je ne vois en vous que l'effort impuiſſant
D'un fier infortuné qui feint d'être content.

Je ne ſuis d'un grand tout qu'une faible partie;
Oui, mais les Animaux condamnés à la vie,
Tous les Etres ſentans, nés ſous la même loi,
Vivent dans la douleur, & meurent comme
moi.
Le Vautour acharné ſur ſa timide proie,
De ſes membres ſanglans ſe repaît avec joie;
Tout ſemble bien pour lui : mais bientôt à ſon
tour,
Un Aigle au bec tranchant dévore le Vautour:
L'Homme d'un plomb mortel atteint cette
Aigle altiere;
Et l'Homme au champ de Mars, couché ſur
la pouſſiere,
Sanglant, percé de coups, ſur un tas de mou-
rans,
Sert d'alimens affreux aux Oiſeaux dévorans.
Ainſi du Monde entier tous les membres gé-
miſſent,
Nés tous pour les tourmens, l'un par l'autre
ils périſſent:
Et vous compoſerez, dans le cahos fatal,
Des malheurs de chaque Etre un bonheur gé-
néral?
Quel bonheur! ô mortel, & faible, & mi-
ſérable,

Vous criez : *Tout eſt bien*, d'une voix lamen-
table :
L'Univers vous dément, & votre propre cœur
Cent fois de votre eſprit a réfuté l'erreur.
Elémens, Animaux, Humains, tout eſt en
guerre ;
Il le faut avouer, le mal eſt ſur la Terre ;
Son principe ſecret ne nous eſt point connu.
D'un Etre bienfaiſant le mal eſt-il venu ?
Eſt-ce le noir Typhon, le barbare Arimane,
Dont la loi tyrannique à ſouffrir nous con-
damne ?
Mon eſprit n'admet point ces monſtres odieux,
Dont le monde en tremblant fit autrefois des
Dieux.
Mais comment concevoir un Dieu, la bonté
même,
Un Dieu qui nous forma, qui nous chérit,
qu'on aime,
Et qui briſe à ſon gré l'ouvrage de ſes mains ?
O qui pourra fixer nos eſprits incertains !
Mon œil épouvanté, ſonde en vain ces abîmes ;
Je vois autour de moi des malheurs & des
crimes.
Je me tourne vers vous, céleſtes vérités,
Les ténèbres du monde offuſquent vos clartés.

Un Dieu vint consoler notre race affligée,
Il visita la terre, & ne l'a point changée * :
Un Sophiste arrogant vous dit qu'il ne l'a pû ;
Il le pouvoit, dit l'autre, & ne l'a point voulu :
Il le voudra, sans doute ; & tandis qu'on raisonne,
Des foudres souterrains engloutissent Lisbonne ;
Et de trente Cités dispersant les débris,
Des bords sanglans du Tage à la Mer de Cadiz.
Ou l'Homme est né coupable, & Dieu punit la race,
Ou ce Maître absolu de l'être & de l'espace,
Sans courroux, sans pitié, tranquille, indifférent,
De ses premiers décrets suit l'éternel torrent ;
Ou la matiere informe à son Maître rebelle,
Porte en soi ses défauts nécessaires comme elle ;
Ou bien Dieu nous éprouve, & le séjour mortel

---

* Un Philosophe Anglois a prétendu que le Monde physique avoit dû être changé au premier avénement, comme le Monde moral.

N'eſt qu'un paſſage étroit vers un monde
éternel.
Nous eſſuyons ici des douleurs paſſageres,
Le trépas eſt un bien qui finit nos miſeres ;
Mais quand nous ſortirons de ce paſſage affreux,
Qui de nous prétendra mériter d'être heureux ?
Quelque parti qu'on prenne, on doit finir
ſans doute ;
Il n'eſt rien qu'on connoiſſe, & rien qu'on ne
redoute ;
La Nature eſt muette, on l'interroge en vain,
On a beſoin d'un Dieu qui parle au genre humain,
Il n'appartient qu'à lui d'expliquer ſon ouvrage,
De conſoler le faible, & d'éclairer le ſage :
L'Homme au doute, à l'erreur abandonné
ſans lui,
Cherche en vain des roſeaux qui lui ſervent
d'appui.
Leibnitz * ne m'apprend point par quels
nœuds inviſibles,

* Voilà le nœud & l'objet de l'ouvrage ; la révélation ſeule peut nous éclairer.

Dans le mieux ordonné des Univers possibles,
Un désordre éternel, un cahos de malheurs,
Méle à nos vains plaisirs de réelles douleurs ;
Ni pourquoi l'innocent, ainsi que le coupable,
Subit également le mal inévitable :
Je ne conçois pas plus comment *tout seroit bien :*
Je suis comme un Docteur, hélas ! je ne sçais rien.
Platon dit qu'autrefois l'Homme avoit eu des aîles,
Un corps impénétrable aux atteintes mortelles ;
La douleur, le trépas n'approchoient point de lui :
De cet état brillant, qu'il differe aujourd'hui !
Il rampe, il souffre, il meurt, tout ce qui naît expire,
De la destruction la Nature est l'empire :
Un faible composé de nerfs & d'ossemens
Ne peut être insensible au choc des Elémens ;
Ce mêlange de sang, de liqueurs & de poudre,
Puisqu'il fut assemblé, fut fait pour se dissoudre ;
Et le sentiment prompt & les nerfs délicats,

Fut soumis aux douleurs, Ministres du trépas.
C'est là ce que m'apprend la voix de la Nature :
J'abandonne Platon, je rejette Epicure :
* Bayle en sçait plus qu'eux tous, je vais le consulter :
La balance à la main, Bayle enseigne à douter :
Assez sage, assez grand pour être sans système,
Il les a tous détruits, & se combat lui-même.
L'Homme étranger à soi, de l'Homme est ignoré :
Qui suis-je ? où suis-je ? où vais-je ? & d'où suis-je tiré ?
Atômes tourmentés sur un amas de boue,
Que la mort engloutit, & dont le sort se joue ;
Mais atômes pensans, atômes dont les yeux
Guidés par la pensée, ont mesuré les Cieux :
Au sein de l'infini nous élançons notre être,
Sans pouvoir un instant nous voir & nous connoître.

---

* Bayle a laissé cette grande question indécise.

Que faut-il, ô Mortels! Mortels il faut souffrir,
Se soumettre en silence, adorer & mourir.

FIN.

PROFESSION

DE FOI

PHILOSOPHIQUE.

A AMSTERDAM,
Chez MARC MICHEL REY.
Et se trouve à LYON,
Chez LES FRERES PERISSE.

1763.

www.ingramcontent.com/pod-product-compliance
Ingram Content Group UK Ltd.
Pitfield, Milton Keynes, MK11 3LW, UK
UKHW032018260826
14628UKWH00006B/2563